KB018318

동물이란 무엇인가?

민음 바칼로레아 005

동물이란 무엇인가?

조르주 샤푸티에 ǀ 최재천 감수 ǀ 김희경 옮김

민음in

차례

질문 : 동물이란 무엇인가?

역사 이래 동물은 수없이 많은 이미지로 존재해 왔다. 때로 동물은 인류의 동반자나 친구 같은 모습으로, 때로는 위협적인 적의 모습으로 나타나기도 한다. 동물은 기쁨을 가져오거나 두려움을 주기도 하고, 신성한 존재로 여겨져 숭배의 대상이 되는가 하면 일상 생활에 널리 이용되기도 한다. 동물은 다른 생명체들과 함께 지구 환경을 공유하지만, 광물이나 식물과는 달리 우리 인간처럼 세상을 두루 돌아다닐 수 있다. 게다가 최근에 과학이 밝혀낸 바에 따르면 동물은 우리 인간의 조상이거나 근친 관계에 있기도 하다.

동물은 그야말로 다양한 모습을 띠고 있다. 바다 속에 있는 극히 작은 생명체들, 코끼리나 곰과 같은 거대한 체구의 동물들, 개나 고양이처럼 일상에서 늘 만날 수 있는 동물들, 유니콘이나 용과 같은 상상 속의 동물들이 모두 '동물'이라고 불린다. 그러니 이렇게 다채로운 것의 본질을 단 몇 줄로 논한다는 것은 거의 불가능한 일이다.

동물을 기술하는 데는 연속적인 터치로 사물을 묘사했던 인상주의 화가들의 표현법을 사용하는 것이 적절해 보인다. 지식과 상상을 함께 동원한 복합적인 기술 방법은 우리가 미처 몰랐던 동물의 새로운 면을 보여 줄 뿐만 아니라 인상주의 그림에서처럼 '동물성'이라는 복잡한 면이 아주 조금씩 그 실체를 드러내게 할 것이다.

이 책에서는 우선 과학적이고 합리적인 방법으로 동물이 무엇인지에 대한 답을 찾아볼 것이다. 그러나 프랑수아 자코브°가 말했듯이 "인간에게는 현실만큼이나 꿈이 필요하다." 따라서 두 번째로는 여전히 이성적이지만 공상적으로 보이는 방법으로 동물에 대해 접근해 보려고 한다.

인간은 과거에도 그랬지만 지금도 여전히 동물과 복잡한 관

● ● ●

프랑수아 자코브(François Jacob, 1920~) 노벨 생리학상을 받았으며 유전자 공학의 아버지라 불린다.

계를 맺고 있다. 그중에는 윤리적인 문제도 놓여 있다. 동물을 존중해야 한다는 당위는 이제 누구나 받아들이고 있지만 그렇지 못한 현실이 종종 벌어지고 있으니 말이다.

'동물'이라는 말의 쓰임새는 사실 모호하다. 어떤 경우에는 일반적인 의미로서 인간을 포함하지 않기도 하고, 또 어떤 경우에는 생물학적인 분류에 따라 인간을 포함하기도 한다. 동물성과 인간성의 경계 문제, 즉 인간과 동물의 구분 기준 문제는 나중에 다시 살펴볼 것이지만, 일단 이야기를 간단하게 풀어 가기 위해서 이 책에서는 '동물'이라는 말을 일반적인 의미로 사용할 것이다.

르노아르의 「고양이와 함께 있는 여인」(1875)
인상주의의 연속적인 붓 터치가 사물의 감춰진 진실을 드러내듯, 지식과 상상을 통한 복합적인 기술은 복잡한 동물성의 실체를 밝혀 줄 것이다.

1

과학은 **무엇을**
동물로 보는가?

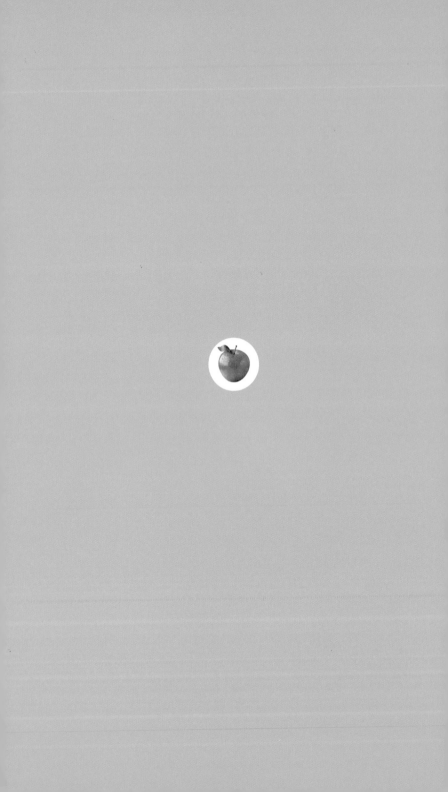

살아 있는 생명체가 다 동물일까?

'동물(animal)' 이란 단어는 숨결 또는 생명이라는 뜻의 라틴어 '아니마(anima)' 에서 유래하였다. 고대 로마 사람들은 신이 진흙에 숨결을 불어넣어 영혼을 가진 생명체가 나타났다고 믿었다. 그후 영혼이라는 개념은 수많은 변천 과정을 겪어 왔다. 가령, 식물이나 사물에도 영혼이 있다는 주장이 있었는가 하면, 동물조차 영혼이 없으며 오직 인간에게만 영혼이 있다는 믿음이 우세하기도 했다.

아무튼 동물이라는 그 말 자체만으로도 이미 우리는 동물이란 '영혼이 있는 존재' 라고 정의할 수 있다. 실제로 우리는 역사에서 동물을 인간과 마찬가지로 영혼이 있는 존재로 간주하여 인간이나 신들의 세계와 결부했던 수많은 사례들을 찾아볼 수 있다. 이에 대해서는 나중에 따로 다루기로 하자.

한편, 다른 정의도 있을 수 있다. 일반적으로 동물은 '스스로 움직이는 살아 있는 생명체'라고 정의된다. 이때 생명체란 무엇을 뜻할까? 생화학자 마리크리스틴 모렐[*]이나 유전학자 미셸 모랑주[*] 같은 학자들이 지적했듯이, 생명이 무엇인지 정확히 정의하는 것은 쉬운 일이 아니다.

먼저 '거시적인' 차원에서 생명체를 정의해 보자.

이때 생명체란 외부로부터 영양분을 받아들이고, 성장하고 노쇠함에 따라 형체가 변하며, 호흡과 배설의 기능이 있고, 특히 그중에서도 가장 독특한 특성이라고 볼 수 있는 번식 능력을 가지고 있는 모든 것들을 통틀어서 가리키는 것이다.

다음으로는 '미시적인' 차원에서 생명체를 정의해 보자.

이때 우리는 생명체가 주로 '세포'라고 불리는 단위로 구성되었음을 확인할 수 있다. 세포들은 다시 **탄소를 함유한 분자**

● ● ●

마리크리스틴 모렐(Marie-Christine Maurel) 현재 파리 6대학 생물학과 교수. 생명과 분자 진화의 기원에 관한 전문가로서 파리 자크 모노 연구소에서 분자의 진화와 적응력에 관한 생화학 연구를 진행하고 있다.

미셸 모랑주(Michel Morange) 파리 6대학과 파리 고등사범학교의 교수. 단백질 공학의 구조와 기능에 대한 전문가이다.

들, 즉 탄소 원자가 중심에 놓인 채로 다른 원자들과 결합되어 있는 물질들로 이루어져 있다. 이 유기 분자들을 단백질이라고 부른다. 그렇다면 생명체란 단백질로 이루어진 유기체라고 할 수 있다. 그런데 단백질로 구성된 유기체와 비슷한 바이러스˙나 프리온˙ 같은 더 단순한 탄소체들도 있다. 하지만 이들은 생명체이기는 하지만 일반적으로 '동물'이라고 부르지는 않는다.

그렇다면 동물을 '살아 있는' 생명체라고 할 때, '살아 있다'는 말은 도대체 무슨 뜻일까?

세상의 모든 물질들과 마찬가지로 생명체도 물리 법칙의 지배를 받는다. 따라서 스스로 움직일 힘이 없는 물체들은 시간이 지남에 따라 점점 에너지를 잃어 가지만, 생명체는 그렇지 않다.

생명체는 자기 고유의 구조를 유지하려는 경향이 있다. '살

● ● ●

바이러스 살아 있는 세포 내부에서 자신의 유전자를 끊임없이 변화시켜 증식할 수 있는 미세한 생명체. 조류 독감을 비롯해 에이즈, 사스, 암, 독감 등 치명적인 질병을 가져다주기도 하지만, 바이러스가 반드시 인류에게 해를 끼치는 존재만은 아니다.

프리온 단백질(Protein)과 비리온(Virion, 바이러스 입자)의 합성어로 바이러스처럼 전염력을 가진 단백질 입자이다. 광우병이나 알츠하이머 등을 유발한다고 밝혀졌다.

아 있다'는 것은 바로 이를 뜻한다. 물론 죽어서 시체가 된 순간부터 생명체 역시 움직일 수 없는 물질로 변해 버리기 때문에 살아 있는 동안만 자기의 고유성을 유지할 수 있다. 어쨌든 다른 물질 조직과는 달리, 생명체는 자율성을 갖고 유기체로서 전체 에너지를 유지하려는 성질이 있기 때문에 사람들은 생명체가 물리 법칙을 따르지 않는다는 환상을 갖게 되었다. 이 점은 오래전부터 과학자들의 호기심을 불러일으켰으며, 과학자들은 그 비밀을 풀기 위해 온갖 노력을 기울였다.

현대에 와서 마침내 일리아 프리고진˚과 같은 물리학자들의 연구로 그 환상의 비밀이 밝혀졌다. 한편으로 환경에 적응하면서, 한편으로 주변 환경의 파괴적인 힘에 맞서 생명체들이 어떻게 지속적으로 물질과 에너지를 보충함으로써 자기의 복잡한 조직을 유지할 수 있는지가 해명된 것이다. 프리고진에 따르면, 생명체란 무질서로부터 질서를 탄생시키는 자기 조직화의 결과이다. 생명이란 무질서한 주변으로부터 끊임없이 에너

● ● ●

일리아 프리고진(Ilya Prigogine, 1917~2003) 우주가 모든 유용한 에너지를 무질서한 운동으로 소진해서 언젠가는 우주의 종말이 닥치리라는 암울한 예언을 하는 열역학 제2법칙에 도전하여 열역학적 평형 상태를 증명함으로써 노벨 화학상을 받았다. 대표적인 저서로 『혼돈으로부터의 질서』가 있다.

지를 흡수하여 자신의 엔트로피를 '무산' 시킬 수 있는 구조라는 것이다.

식물이 아니면 다 동물일까?

이 세계에 있는 생명체는 크게 움직이는 것들, 즉 동물과 움직이지 않는 것들, 즉 식물로 나눌 수 있다. 이 특징에 한 가지 덧붙이자면, 식물은 살아가기 위하여 흙, 물, 공기, 태양만 있으면 충분하지만, 동물은 살아가기 위하여 식물(채식 동물), 동물(육식 동물), 또는 이 두 가지 모두(잡식 동물)를 섭취해야만 한다.

이렇게 생물을 두 집단으로 나누는 것은 세상을 바라보는 우리의 시각과 깊은 관계가 있다. 뒤에서 다시 언급하겠지만, 현대 과학이 생명체의 본질을 더 정확하게 파악해 냄에 따라 세상을 이해하는 우리의 생각도 변화하기 시작했다.

일반적으로 동물을 분류하는 첫 번째 방법은 철저하게 경험에 근거한 것으로 동물과 인간의 관계에서 출발하는 것이다. 가령, 인간과 친밀함 정도에 따라 '가축'과 '야생 동물'로 나누고, 다시 가축을 고양이나 개 같은 '애완' 동물, 또는 소나

말 같은 '노동력'을 얻기 위한 동물, 닭이나 돼지 같은 '식용' 동물 등으로 구분하는 것이다.

한편으로 이런 분류는 육식을 하는 사람들(동물의 살이나 고기를 먹는 사람들), 채식을 하는 사람들(식물을 주로 먹으면서 우유, 달걀, 꿀 등 동물에서 나오는 부산물을 먹는 사람들), 완전 채식주의자(동물과 관련이 있는 모든 음식물을 거부하는 사람들)와 연결해서 생각할 수 있게 해 준다.

그런데 과학적인 관찰로 인해 좀 더 엄격하게 생물을 분류하는 방법이 나타나게 되었다. 먼저 움직임의 유무에 따라 생물을 크게 두 집단으로 나누는 분류법이 논리적인 일관성을 잃기 시작했다. 산호나 말미잘과 같이 움직이지 않는 동물들이 발견되었으며, 버섯처럼 다른 식물로부터 영양분을 얻는 식물들도 있고, 아주 드물기는 하지만 동물을 섭취하는 식물들(육식성 식물들)도 있다.

미시적인 차원으로 들어가면 그 분류는 더욱 모호해진다. 집단 전체가 동물도 식물도 아닌 생물이 있을 뿐만 아니라, 어떤 동물과 식물의 경우에는 비슷한 점이 너무 많아 한 집단으로 묶을 수밖에 없는 경우도 생겨났다. '편모류'라고 불리는 극히 작은 생물이 그러한 사례이다. 이 단세포 동물은 털의 일종인 편모를 이용하여 물속에서 몸을 고정하기도 하고 자유롭

움직이면 동물, 움직이지 않으면 식물이라는 이분법적 생각은
과학의 발달로 인해 그 힘을 잃었다.

게 움직이며 돌아다니기도 한다. 그런데 일부는 녹색 식물처럼 광합성을 하고, 일부는 동물처럼 유기물을 섭취해야 자랄 수 있다.

전통적인 분류법에 따르면 동물은 크게 두 집단으로 나눌 수 있다. 하나는 한 개의 세포로 이루어진 미생물, 즉 **원생 동물**이라 불리는 단세포 동물이다. 또 다른 하나는 여러 개의 세포로 구성된 다양한 크기의 동물들, 즉 **후생 동물**이라 불리는 다세포 동물이다. 이들의 해부체®를 비교함으로써 가장 단순한 것에서부터 가장 복잡한 것에 이르는 모든 동물을 계통수®에 따라 분류할 수 있다.

그러나 현대의 분류학은 해부학적 방법을 통해 찾은 막연한 공통점 이외에도 **분자들의 유연 관계**, 즉 신체를 이루고 있는 분

● ● ●

편모류 편모류에는 독립적으로 영양분을 만드는 식물성 편모류와 기생적으로 살아가는 동물성 편모류가 있다. 전자에는 뿔말, 벌레말, 후자에는 야광충, 트리파노조마가 있다. 특이하게 유글레나는 빛이 없을 경우에는 다른 미생물을 잡아먹고 빛이 있을 때는 광합성을 하기 때문에 동물의 특징과 식물의 특징 모두를 가지고 있다.

해부체 해부를 통해 만들어진 기관의 일부 또는 전체를 가리킨다.

계통수 생물의 유연 관계를 토대로 생물이 진화해 온 과정을 종적으로 나타낸 것을 계통이라 하며, 이를 나무 모양의 그림으로 나타낸 것을 계통수라고 한다.

자들의 유사성에 근거해 생물을 분류한다. 이 새로운 분류법에 따르면 버섯은 식물이 아니라 균류˚라는 별개의 집단으로 분류되며, 단세포 생물 역시 동물로 분류하는 것이 힘들어졌다.

프랑스의 장 제네르몽˚ 같은 생물학자는 오직 후생 동물만 동물로 분류하거나, 해면 동물 같은 일부 편모류에 해당하는 원생 동물에 한하여 후생 동물과 합쳐서 동물이라고 부를 수 있다고 주장한다. 맨눈으로는 볼 수 없는 아주 작은 미생물들을 상대적으로 자유롭게 관찰할 수 있게 되었는데 오히려 현대 과학은 통상적인 의미의 동물을 다세포 동물로 인식하는 경향이 있다. 이는 참 역설적인 일이다.

한편, 현대 과학, 특히 동물 행동학˚은 후생 동물에게 주위의 위험을 알아차리는 **통각 능력**이 매우 발달해 있음을 알아냈

● ● ● ●

균류 고등 식물처럼 광합성을 하여 스스로 양분을 만들지 못하므로 다른 생물체나 유기물에 붙어서 기생 생활 또는 부생 생활(腐生生活)을 한다. 현재까지 약 10만 종의 균류가 알려져 있다.

장 제네르몽(Jean Génermont) 생물학자. 저서로 『동물계에서 종의 문제』, 『자연은 왜 동면을 하는가?』 등이 있다.

동물 행동학 동물의 본능이나 습성과 같이 객관적으로 관찰할 수 있는 행동을 연구하는 생물학의 한 분과로, 생태 및 진화 형태 연구에는 비교적인 방법을 사용하고, 행동 생리 연구에는 분석적인 방법을 사용한다.

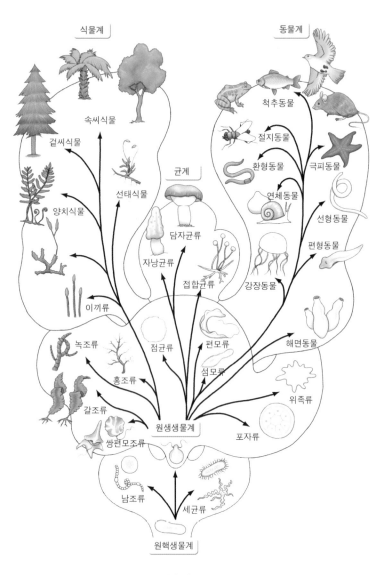

생물계의 계통수

다. 통각 능력이란 온전한 신체를 훼손하는 주변의 과도한 자극에 반응하는 능력으로, 가장 진화한 동물에게는 '고통'이나 '괴로움'이라는 형태로 나타난다. 따라서 동물 행동학에 따르면, 동물은 '통각 능력이 있는 존재'로도 정의할 수 있다. 과학의 틀을 뛰어넘어 철학에서는 이 문제를 어떻게 다루고 있는지 나중에 살펴볼 것이다.

동물은 얼마나 다양할까?

동물 유무를 결정하는 제약 조건이 여러 가지이지만 지구상에 살고 있는 동물들은 실로 다양하다. 형태상으로만 보아도 한눈에 그걸 알 수 있다. 바다에 사는 해면 동물과 개미, 달팽이, 원숭이 사이에는 얼마나 커다란 차이들이 존재하는가! 동물은 이렇게 매우 다양한 성질을 지니고 있음으로써 우리에게 '생명의 다양성'을 보여 준다.

한편 이것은 종˚들이 진화하였다는 하나의 증거가 된다. 오랜 진화 과정을 통해서 생물들이 자자손손 혈통을 이어 왔다는 것은 더 이상 논란거리가 아니다. 다윈 이후 100여 년 동안 진화의 구조가 대부분 밝혀졌기 때문이다. 특히 수천만 년 동안

보존되어 온 화석을 분석함으로써 과학은 동물이 오랜 역사의 산물임을 밝혀내고 있다.

화석은 오랜 시간을 거치면서 수많은 생물 종이나 군 전체가 멸종하거나 엄청난 변화를 겪어 왔음을 보여 준다. 그리고 그러한 변화에 적응하면서 새로운 동물들이 계속해서 출현하게 된 것이다. 발달된 컴퓨터 그래픽 기술 때문에 아주 친근하게 여겨지는 중생대의 공룡이나 코끼리의 사촌 격인 매머드는 대표적인 멸종 동물이다. 빙하기의 추운 기후에서도 적응을 잘했던 매머드는 우리 선조들의 지나친 사냥으로 인해 사라졌다는 설도 있다.

진화의 특징 중 하나는 일반적으로 새로운 종이 그 모체가 되는 생물보다 더 복잡한 형태를 띤다는 것이다. 벌이나 문어나 인간처럼 극도로 복잡한 형태로 진화한 동물들을 보면 그 사실을 한눈에 알 수 있다.

동물의 복잡성은 인형 속에서 작은 인형이 한없이 나오는 러시아 인형 마트료시카를 연상하게 한다. 미시적인 차원으로

● ● ●

종 생물을 분류하는 기준 단위로서, 생식을 통하여 서로 유전자 교환이 일어날 수 있는 개체군이며 다른 개체군과는 생식적으로 격리되어 있다.

들어갈수록 새롭고 놀라운 사실들이 속속들이 드러나는 것이다. 이를 우선 동물의 가장 작은 기관 중 하나인 **세포 소기관**에서부터 확인해 볼 수 있다.

세포 소기관이란 살아 있는 세포를 구성하는 미세 구조로, 호흡이나 번식을 관할하는 우리 몸의 기관들과 유사한 기능을 세포 내에서 담당하고 있다. 세포 소기관 중 하나로 세포핵에 들어 있는 '염색체'라는 조직이 있다. 염색체는 어떤 종에 고유한 특징을 결정짓는 화학 구조인 **유전자**를 지니고 있다. 최근 연구 성과에 따르면 이러한 세포 소기관들은 진화의 역사 초기에 출현한 원시 생명체와 아주 유사한 모습을 띠고 있다.

이와 같은 세포 소기관 위에 세포가 있고, 다음에 세포들의 집단인 세포 조직이, 그다음엔 세포 조직의 집단인 기관이 차례로 위치하며, 끝으로 기관의 집단인 유기체(생물)가 있다. 매우 진화한 동물들은 개별 유기체의 차원을 넘어 사회적인 차원에까지 이르고 있다. 벌이나 개미, 원숭이 등처럼 무리를 이루어 복잡한 사회를 구성하기도 하는 것이다.

. . . .

염색체 DNA와 단백질로 이루어져 있으며, 염색체의 종류와 크기, 수 모양은 생물의 종류에 따라 일정하다.

그런데 고등 동물의 이런 복잡성에도 불구하고 하위 차원의 특성들은 어느 정도 자율성을 가지고 있다. 사회 속에서 한데 어울려 살면서도 각 개인이 어느 정도 독립적인 삶을 유지하듯이, 신체 내부에 있는 세포와 기관들 역시 자율적인 삶을 유지한다. 이런 관점에서 보면, 동물은 여러 층으로 이루어진 모자이크처럼 보인다. 각기 자율성을 갖고 있는 여러 조직의 기능들이 어우러지면서 유기체 전체의 기능들이 조화롭게 작동하고 있는 것이다.

동물은 같은 종류의 세포들이 각자 독립성을 가지면서 한 몸을 이루어 살았던 군체 형태의 원생 생물에서 비롯한 것으로 알려져 있다. 해면, 산호 등과 같은 무척추 동물과 세균, 곰팡이 등과 같은 미생물들은 지금도 이렇게 군체를 이루고 살아간다. 그런데 오랜 시간 동안 공생하여 살면서 이 세포들은 단순히 세포들의 집합에 지나지 않는 상태에서 조직이 재구성되면서 서로 유전적으로 분리되지 않는 복잡한 세포로 진화한다.

이 세포 진화의 정도에 따라, 즉 세포 조직의 기능적 복잡성 정도에 따라 동물을 분류할 수도 있다. 이런 기준에 따르자면, 동물은 크게 두 개의 배엽을 가진 '이배엽성 동물'과 세 개의 배엽을 가진 '삼배엽성 동물'로 니눌 수 있다.

이배엽성 동물 중 대표적인 것으로는 해면 동물, 말미잘, 산호, 해파리 등이 있다.

이들 중 해면 동물은 가장 원시적인 다세포 동물로 한 겹의 세포막으로 이루어져 있으며 속이 빈 공 모양을 하고 있다. 이 속이 빈 둥근 공 모양의 배를 '포배'라고 한다. 해면 동물은 아직 두 개의 배엽이 뚜렷하게 형성되어 있지 않아서 달리 이배엽성 동물이라고 하지 않고 '포배 동물'로 분류하기도 한다.

포배 구조를 거쳐서 세포들은 낭배 구조를 이루게 된다. 물론 이 과정을 단순하게 단계적으로 이해해서는 안 된다. 낭배는 포배의 다음 단계에 나타나는 순차적인 구조라기보다는 포배가 이중으로 겹쳐져서 형성된 새로운 구조라고 보아야 한다. 낭배는 주머니 모양으로 생겼으며, 외배엽과 내배엽이라는 두 겹의 세포층으로 이루어져 있다. 외배엽은 외부 환경 정보를 수집하고 먹이를 포획하며 내부를 보호하는 기능을 하며, 안쪽인 내배엽은 양분을 섭취하고 생식을 담당하는 기능을 한다. 아래 그림과 같이 내배엽이 안으로 말려 들어가서 둥글게 감싸고 있는 공간을 소화관 또는 강장이라고 한다.

세포가 더욱더 분화함에 따라 내배엽과 외배엽 사이에 중배엽이 형성된다. 골격, 근육, 혈관계, 내장 기관 따위로 발달하는 중배엽을 갖고 있는 동물들을 통틀어서 삼배엽성 동물이라고 하며, 편형 동물에서 척추 동물에 이르는 모든 고등 동물이

이에 속한다.

삼배엽성 동물은 다시 중배엽의 형성 과정에 따라 선구 동물과 후구 동물로 나누어진다. 선구 동물은 본래 외배엽과 내배엽 사이에 있던 원중배엽성 세포가 발달하여 중배엽을 이루는 동물로 편형 동물,* 선형 동물,* 윤형 동물,* 환형 동물,* 연체 동물,* 절지 동물* 등이 여기에 속한다. 이런 식으로 중

● ● ●

편형 동물 몸이 납작하고 좌우 대칭이며 대부분 암수 한몸으로 유성 생식을 한다. 편형 동물은 자유 생활을 하는 플라나리아와 기생 생활을 하는 간디스토마, 촌충류 등 약 12700종이 알려져 있다.

선형 동물 몸은 머리가 뭉툭하고 꼬리가 가는 긴 원통형이며 체절이 없다. 암수 딴몸으로 발달된 생식기를 가지고 있어 유성 생식을 한다. 회충, 요충, 십이지장충 등이 여기에 속한다.

윤형 동물 주로 민물에 떠다니면서 살며 크기가 1mm 정도로 매우 작다. 몸은 좌우 대칭이고, 머리끝에 있는 섬모환으로 먹이를 잡고 이동하며 암수 딴몸으로 암컷이 수컷보다 훨씬 크다. 윤형 동물은 윤충 등 약 1500종이 알려져 있다.

환형 동물 몸 전체가 고리 모양을 하고 있으며 겉 표면은 큐티클 층으로 덮여 있고 주로 습한 토양, 담수, 바다 등에서 산다. 체벽에 있는 환상근과 종주근이 교대로 수축하여 연동 운동으로 이동한다. 지렁이, 거머리, 갯지렁이 등에 이에 속하며 모두 유성 생식을 한다.

연체 동물 체절이 없으며 좌우 대칭이다. 몸은 연하고 외투막으로 싸여 있거나 석회질로 된 껍데기를 갖고 있다. 연체 동물에는 오징어, 문어, 달팽이, 전복, 소라 등이 있다.

절지 동물 체절 구조로 되어 있고 체절에는 마디로 된 다리가 있다. 곤충류, 갑각류, 거미류 등이 여기에 속한다.

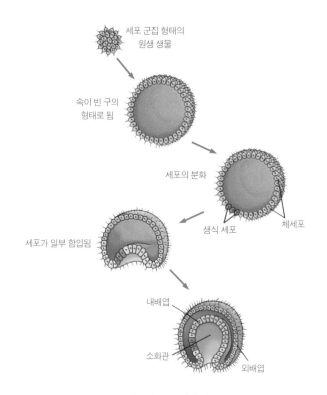

세포 군집 형태의 원생 생물

속이 빈 구의 형태로 됨

세포의 분화

생식 세포

체세포

세포가 일부 함입됨

내배엽

소화관

외배엽

최초의 동물 발달 과정

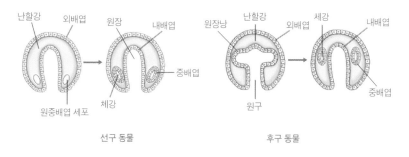

난할강

외배엽

원장

내배엽

중배엽

원중배엽 세포

체강

선구 동물

원장낭

난할강

외배엽

체강

내배엽

중배엽

원구

후구 동물

중배엽의 형성 방법

배엽이 생기는 동물들은 모두 원구가 나중에 입이 되고 반대쪽에 항문이 생기므로, 입이 항문보다 먼저 생긴다고 하여 선구 동물이라고 불리는 것이다. 후구 동물은 원장의 벽을 이루는 세포의 일부가 떨어져서 중배엽을 이루는 동물로 극피 동물, 척추 동물 등이 이에 속한다. 선구 동물과는 반대로 입이 항문보다 나중에 생기므로 후구 동물이라고 불린다.

또 삼배엽성 동물을 배에 신경 조직이 있는 동물과 등에 신경 조직이 있는 동물로 나눌 수도 있다. 배에 신경 조직이 있는 동물로는 지렁이, 회충 등의 환형 동물, 오징어, 문어 등의 연체 동물, 곤충류, 갑각류, 거미류 등의 절지 동물 등이 있고, 등에 신경 조직이 있는 동물로는 사람이 속한 척추 동물이 있다.

이제 인간이 속해 있는 척추 동물에 대하여 좀 더 자세하게 알아보자.

척추 동물은 진화의 역사에서 가장 발달한 동물이다. 발생 중에 척색이 먼저 생기고, 그 주위에 척추가 형성되는 특징이 있다.

척추 동물은 칠성장어나 먹장어와 같이 척색만 있는 원구류, 일반적으로 물고기를 가리키는 어류, 개구리나 도롱뇽 등이 속한 양서류, 뱀이나 거북이나 악어와 도마뱀 등이 속한 파충류, 일반적으로 새를 가리키는 조류, 고래나 사자나 사람 같은 동물이 속한 포유류의 여섯 종류로 나누어진다.

어류는 원구류에서 진화하였고, 양서류는 어류에서 진화했으며, 파충류는 양서류에서 진화하였다. 원구류, 어류, 양서류, 파충류는 순차적으로 진화의 역사에 출현했지만, 조류와 포유류는 거의 동시에 나타났다. 서로 형태적으로는 아주 다르게 생겼지만 조류와 포유류는 둘 다 파충류에서 진화하였으며, 따라서 사촌 관계에 있다고 할 수 있다.

포유류는 척추 동물 중에서 가장 발달한 무리로 고양이, 개, 말 등을 비롯하여 원숭이, 고릴라, 침팬지와 같은 유인원, 호모 하빌리스에서 호모 에렉투스에 이르는 고인류나 호모 사피엔스 사피엔스인 현생 인류를 포함하는 **영장류**가 여기에 속한다. 따라서 인간이 동물로부터 자신의 뿌리를 찾는다면 영장류를 들여다볼 수밖에 없다. 특히 침팬지는 인간과 가장 가까운 친족 관계일 뿐만 아니라 공동의 조상에서 진화한 것으로 추정되고 있다.

인간은 동물과 무엇이 다를까?

진화론에 따르면 인간은 동물로부터 나왔고, 생물학적으로 침팬지의 사촌이다. 유전자의 약 99퍼센트를 공유할 정도로 침팬지와 인간은 비슷한 점이 많다. 이러한 사실이 밝혀졌을 때 인간은 동물과 근본적으로 다르다고 믿었던 사람들은 충격을 받았다. 인간이 매우 진화한 원숭이와 닮았다는 사실을 인정할 수 없었던 것이다. 교조주의적인 종교를 신봉하며 반계몽주의 성향이 농후한 사람들은 아직까지도 이런 생각을 거부하고 있다. 하지만 화석과 같은 많은 과학적인 증거들로 인해 대부분의 사람들은 동물이나 인간이 진화한다는 사실을 인정하게 되었다.

그러나 인간의 기원에 대한 갈등은 다시 문화의 영역으로 옮겨 갔다. 어떤 종은 생물학적인 결정 요인들과는 별개로 행동 양식 자체를 유전자처럼 전달한다는 것이다. 이 새로운 주장에 따르면, 인간은 생물학적으로 동물에서 유래한 것이 확실하지만, 생각하고 말할 수 있는 능력 때문에 자신의 조상과는 결정적으로 분리되어 완전히 별개의 존재가 되었다고 했다. 그러나 최신 과학의 성과는 이러한 주장의 허위성을 낱낱이 폭로한다.

침팬지와 놀라울 정도로 유전적인 유사성이 있지만, 인간 사회는 그들의 사촌이 구성하고 있는 사회와는 무적 다른 양상을 띠고 있다. 인간만이 비행기, 컴퓨터 등과 같이 고도로 정교하게 개발된 도구들을 사용하고, 매우 복잡한 말과 글로 이루어진 언어를 통해 소통을 한다. 또한 인간만이 유일하게 방정식을 세우고, 윤리적인 문제로 고민을 한다. 이처럼 인간이 다른 동물과는 구분되는 특별한 존재임을 보여 주는 예는 수없이 많다. 인간은 의심할 여지없이 지구상에서 가장 감정이 풍부하며, 다른 어떤 생물과도 비교할 수 없는 지능을 소유한 존재이다. 인간의 이런 문화적인 특수성은 결코 부정할 수 없다.

하지만 최근의 과학적인 연구 성과들은 인간 정신의 소산물이나 문화마저 그 '기원'을 동물성에서 찾을 수 있음을 밝혀냈다. 동물도 인간과 마찬가지로 기초적인 도구를 사용할 수 있다. 침팬지는 잔가지를 이용하여 흰개미를 끌어올려 잡아먹고, 지빠귀는 뾰족한 돌이나 나무 조각을 받침대로 사용하여 달팽이 껍데기를 고정한 후 깨뜨린다. 또 어떤 방울새 무리는 선인장 가시를 이용하여 구멍 안에 있는 곤충을 잡는다. 새들이 둥지를 만드는 것도 도구를 사용하는 한 방식으로 볼 수 있다.

동물 행동학자인 도미니크 레스텔˚은 동물도 인간처럼 미적 감각을 갖고 있다고 주장한다. 동물들이 특정한 색을 좋아한다든지, 새들이 울 때 규칙적이고 기계적인 리듬은 피하고 노래하듯 다양한 소리를 내는 것은 우연이 아니라는 것이다. 또한 침팬지나 고릴라에게 기초석인 언어를 가르칠 수 있다. 물론 동물들은 발음을 할 수 없기 때문에 이 언어는 몸짓나 기하학적인 상징과 같은 몇백 개의 단어로 구성되어 있고, 단순한 문법 규칙에 기초하고 있기는 하다.

사회를 이루고 사는 포유류나 조류는 윤리와 비슷한 규범에 대한 감각을 갖고 있다. 특히 근친상간을 피하려는 경향은 모든 영장류에서 거의 공통적으로 나타난다. 침팬지 무리에서 도덕적인 성향이 두드러진 행동 양식(물론 인간이 보기에 그렇다는 말이다.)이 관찰되기도 한다. 어린 새끼들이나 신체장애자들을 특별히 보호한다거나 서로 화해를 하고 규범을 어긴 자에게는 벌을 주는 모습 등을 볼 수 있는 것이다.

프란스 드 발[*] 같은 동물학자들은 동물 행동에 관한 방대한 연구를 통해 인간 도덕의 근거를 찾을 수 있다고 주장한다. 결국 문화라는 것이 유전의 메커니즘을 통한 것이 아니라 행동

● ● ●

도미니크 레스텔(Dominique Lestel, 1961~) 프랑스 국립 과학 연구소의 연구원으로 인간과 동물의 의사소통에 관하여 집중적으로 연구하고 있다. 저서로는 『원숭이 언어 : 인간과 유인원의 불가능한 대화』, 『문화의 동물적 기원』, 『이상한 동물』 등이 있다.

프란스 드 발(Frans de Waal, 1948~) 원숭이와 유인원 같은 영장류의 행동이 종으로서 인간의 사회적 진화에 관하여 이야기해 줄 수 있다고 주장하는 저명한 동물 행동학자 중 한 명이다. 특히 그는 난쟁이침팬지라고도 불리는 보노보에 대한 연구에서 섹스가 공격성을 억제하고 화해의 수단으로 이용되는 현상을 밝혔다.

양식을 사회적으로 전달하는 능력이라면, 동물들에서도 문화의 다양성을 보여 주는 여러 사례들을 열거할 수 있다.

일본의 한 섬에 사는 원숭이 한 마리가 모래가 묻은 음식물에서 모래를 떨어내는 아주 편리한 방법을 발견했다. 시간이 흐름에 따라 이 방법은 점차 그 무리 전체에 알려졌다. 또 다른 예를 들어 보자. 방울새와 같은 특정한 새들은 소리를 통해 복잡한 신호를 보내는데, 한 지역에 모여 사는 무리들 사이에서 그들끼리만 소통할 수 있는 일종의 방언 같은 소리를 찾을 수 있다.

따라서 우리는 두 가지 유혹을 경계해야만 한다.

한편으로는 인간과 동물이 완전히 단절된 관계라는 것을 정당화하고 인간이 동물에서 출발하였다는 사실을 거부하려는 태도를 버려야 한다. 다른 한편으로는 인간의 사촌에게서는 아주 기초적인 수준에 머물렀던 능력을 현저하게 발전시킬 줄 알았던 인간을 매우 특별한 동물로서 인정하기를 거부하려는 태도 역시 지양해야 한다.

인간의 동물적인 측면과 동물성을 부정하고자 하는 측면은 상호 보완적이다. 동물로부터 인간을 분리하는 것이 근본적인 단절을 의미하지는 않는다. 인간은 이중적인 존재이다. 인간은 동물인 동시에 동물이 아니고, 본능적인 동시에 본능적이지 않다. 유전학자 앙드레 랑가네[*]가 말했듯이, 인간은 동물이며 그 사실에 긍지를 갖고 있기 때문에, 책임감 있는 인간이라면 이런 이중성을 감내해야만 한다.

인간의 동물적 기원을 거부하려는 것은 동물 세계에서 보이는 문화의 발전을 부인하려는 것만큼이나 부조리하다. 오랜 역사 속에서 우리는 이런 두 가지 잘못된 태도를 모두 볼 수 있다.

● ● ●

앙드레 랑가네(André Langaney) 인간 진화의 유전적 근거에 대한 문제를 연구하고 있다. 저서로는 『성(性)과 혁신』, 『인류의 가장 아름다운 역사』, 『생물 철학』 등이 있다.

2

인류는 동물을 어떤 존재로 여겨 왔는가?

인간화된 동물

우선, 인간과 동물 사이에 큰 차이를 두지 않고, 동물에게 인간성을 부여하려 했던 다양한 시도를 살펴보도록 하자.

서양 중세 사회에는 인간화된 동물들의 이야기가 넘쳐 난다. 동물들이 인간을 죽이거나 피해를 입혔을 경우, 동물을 고소하는 경우가 많았으며, 이 소송은 마치 인간 사회의 소송처럼 진행되었다. '피고'는 자신을 변론하기 위해 변호사까지 위임받았다. 흑사병을 옮겼다는 이유로 축출당할 위기에 놓였을 때 쥐들은 변호사의 변론 덕분에 형벌에서 벗어날 수 있었다.

동물들은 때로 인간화를 넘어서 신격화되기도 했다. 신격화된 동물과 인간이 혼재하는 경우는 대부분 다신교와 관련이 있었다.

서양 중세에서는 동물들이 인간을 죽이거나 해를 입혔을 때 동물을 고소하기도 했다.

이집트에서는 죽음의 신 아누비스가 재칼의 머리를 가진 인간의 모습으로, 하늘의 신 하토르가 암소의 모습으로, 태양의 신 아피스가 수소의 모습으로 묘사되었다.

그리스에서는 신들이 흔히 동물의 형상을 띠고 있다. 제우스는 에우로페*를 납치하기 위하여 황소로 변신하였다. 목자들의 신인 판은 사람과 동물이 뒤섞인 모습을 하고 숫염소의 발로 걸어 다녔다. 이와 비슷하게 인간들은 여러 신이나 마술사들에 의해 동물 모습으로 변하기도 했다. 마녀 키르케*는 오디세우스의 부하들을 돼지로 변하게 만들었다.

• • • •

에우로페 페니키아의 왕 아게르노의 딸인 에우로페가 해변에서 놀고 있을 때 그 모습에 반한 제우스가 황소로 둔갑하여 에우로페를 등에 싣고 크레타 섬으로 데려갔다. 에우로페는 제우스와의 사이에서 미노스, 라다만티스, 사르페돈을 낳았다. 나중에 크레타의 왕 아스테리오스의 아내가 된 에우로페에게 제우스는 섬을 지키는 청동 인간 탈로스와 사냥감을 절대로 놓치지 않는 사냥개, 그리고 과녁을 빗나가는 일이 없는 투창을 주었다. 그녀는 죽은 뒤 여신으로 숭배되었고, 황소는 하늘로 올라가 황소자리가 되었다고 전해진다.

마녀 키르케 『오디세이아』에 나오는 이야기로 트로이 전쟁을 마치고 귀환하는 중에 오디세우스가 겪은 모험담 중 하나이다. 오디세우스와 그의 부하들은 여신 키르케가 사는 아이아이아라는 섬에 도착한다. 그녀는 섬을 탐색하러 온 오디세우스의 부하들을 돼지로 변신시켰다. 헤르메스에게서 받은 마법의 약초 '몰루'의 도움으로 무사했던 오디세우스는 키르케로 하여금 그의 부하들을 다시 사람으로 돌려놓게 한다. 키르케를 단번에 제압한 오디세우스는 그녀와 함께 그 섬에서 일 년간을 머문다.

힌두교에서 상인과 여행자들의 신 가네샤는 코끼리의 얼굴을 하고 있고, 하늘의 신 비슈누는 지상의 불의를 무찌르러 올 때 종종 새의 왕인 가루라˙를 타고 나타난다.

멕시코의 톨텍족과 아스텍족은 문명의 신 케찰코아틀을 가면 쓴 사람이나 깃털 달린 뱀의 모습으로 묘사하였다. 남미의 여러 문명들은 동물의 모습을 한 여러 신들을 숭배하였다.

일신교에서는 동물이 숭배의 대상은 아니었다. 하지만 동물은 기독교에서 통용되는 '하느님의 어린양'이라는 말처럼 은유적인 의미로 쓰이기도 했고, 유대교와 이슬람교에서는 돼지가 부도덕함을 나타내는 상징적인 의미로 사용되기도 했다. 일신교를 믿는 국가에서도 대중의 상상력은 드래건, 유니콘, 세이렌˙과 같은 환상적이고 신화적인 동물을 끊임없이 창조하였다.

사후에 인간의 영혼이 동물의 몸 안에 깃든다는 **윤회설**을 믿는 종교는 동물이 우리에게 행운을 가져다준다고 여겨 동물에게 특별한 지위를 부여했다. 비록 윤회설을 믿는 종교가 기독

• • •

가루라 힌두교 신화에 나오는 상상의 새로 조두인신(鳥頭人身)의 형상이나.
세이렌 그리스 신화에 나오는 반은 새이며 반은 사람인 바다 마녀로, 뱃사람들을 아름다운 목소리로 홀려 난파시켰다고 한다.

교 중심의 서구 사회에서는 널리 퍼지진 못했지만, 여러 문명들 속에서 과거만이 아니라 현재까지 영향을 끼치고 있는 윤회설의 중요성을 간과해서는 안 될 것이다.

고대 그리스의 피타고라스˚나 엠페도클레스˚와 같은 사상가들은 윤회설을 철학적 기반으로 했을 뿐만 아니라 플라톤˚과 같이 위대한 고대 철학자도 윤회설을 믿었다. 그리고 윤회

● ● ● ●

피타고라스(BC 582~BC 497) 그리스의 철학자이자 수학자. 만물의 근원이 '수'라고 주장했던 피타고라스는 모든 생물들은 언제나 일정한 주기를 두고 다시 태어나므로 새로운 존재란 있을 수 없으며, 그런 까닭에 생명을 타고난 것들은 모두 혈연관계에 있다는 윤회론을 믿었다. 그리고 현세적 삶에서 도덕적 품성이 어떠했냐에 따라 내세의 생이 결정된다고 보고 윤리적 정결을 강조하기도 했다.

엠페도클레스(BC 495~BC 435) 그리스의 철학자. 모든 물질이 불·공기·물·흙이라는 4가지 본질적 원소들의 합성물이라고 생각했던 엠페도클레스는 영혼의 윤회를 확고하게 믿었다. 죄를 지은 자는 죽을 수밖에 없는 수많은 육체를 전전하며 3만 절기를 떠돌아다니다가 결국 4원소 중의 한 원소에서 다른 원소로 왔다갔다할 수밖에 없다고 주장했다. 이 형벌에서 벗어나기 위해서는 영혼의 정화가 꼭 필요하며, 특히 동물의 살코기를 먹어서는 안 되는데, 이는 동물의 영혼이 한때 인간의 육체 안에 거주했을지도 모르기 때문이라고 한다.

플라톤(BC 429~BC 347) 그리스 철학자. 플라톤이 주장하는 '영혼의 윤회설'은 이렇다. 데미우르고스라는 창조주가 영혼을 만들어 냈으며 영혼은 원래 이데아의 세계에 존재하는데, 현세에 태어나면서 육체를 얻는다. 그리고 육체의 생명이 끝나면 다시 영혼만이 이데아의 세계로 돌아간다. 그런데 인간의 영혼이 오가는 사이에 '레테'라는 이름의 '망각의 강'을 건너면서 전 세계의 기억을 모두 잊게 되는데, 인간의 영혼은 가끔 전 세계의 일을 어렴풋하게 기억해 내고 그리워하게 된다는 것이다.

설은 여전히 아시아의 수많은 종교, 특히 힌두교와 불교에서 우주의 비밀을 밝혀내는 중요한 기본 원리 중의 하나이다. 이런 종교들에서 영혼은 열반을 통해 해탈할 때까지 동물이 되기도 하고 인간으로 태어나기도 하면서 무수히 많은 삶을 거침으로써 정화를 한다.

이처럼 동물을 인간과 마찬가지로 다루는 사례는 문학이나 미술에서도 찾아볼 수 있다. 심리 치료사인 앙드레 비렐^{의 말}대로 그림을 해석하는 것이 단순한 작업이 아니지만, 선사 시대의 그림에서 우리는 인간과 동물이 혼합된 모습을 찾아볼 수 있다. 이솝 이야기나 라 퐁텐 우화, 그림 형제의 동화, 페로 동화, 『여우 이야기』 등에서 우리는 마치 인간처럼 행동하는 동물들을 만날 수 있다. 거꾸로 통상적인 대화에서 인간의 궁

● ● ●

앙드레 비렐(André Virel) 심리 치료사. 저서로는 『육체의 향연』, 『심리학 사전』 등이 있다.

페로 동화 1697년에 『옛날 이야기』라는 제목으로 처음 출간된 동화집으로, 「신데렐라」, 「잠자는 숲 속의 미녀」, 「장화 신은 고양이」, 「푸른 수염」 등이 실려 있다. 페로는 프랑스 아동문학의 아버지로 불린다.

『여우 이야기』 12~13세기에 고대 프랑스어로 쓴 운문 동물 설화집. 주된 등장 인물인 여우, 늑대, 곰, 사자를 통해 인간 사회를 풍자하고 있다. 특히 교활하고 유쾌한 주인공 '르나르'는 여우라는 의미의 보통 명사로 굳어졌다.

정적이거나 부정적인 특징을 강조하기 위해 동물에 빗대어 표현하기도 한다. 예컨대 '사자처럼 용맹하다'라든가 '개미처럼 부지런하다'라든가 '여우같이 교활하다'라고 말하는 것이다.

　동물을 의인화하는 또 다른 경우로, 아이들에게 타자에 대한 감정 표현을 훈련시키기 위하여 동물 모습의 사물을 제공하는 것을 들 수 있다. 천으로 만든 곰 인형 등이 가장 흔한 예이다. 아이들은 장난감을 실제 사물인 것처럼 가지고 놀거나 곰 인형을 사람처럼 대한다. 아이들의 의식에는 동물과 인간이 동일시되어 있음이 분명하다.

　마지막으로, 동물의 의인화 현상이 드러나는 현대적인 사례로 애완 동물을 들 수 있다. 특히 주인으로부터 특별한 혜택을 받는 애완견에게서 두드러지게 나타나는 현상이다. 주인에게 잘못 길들여진 이 '버릇없는' 동물은 그 집의 주인인 양 행세하여 인간을 당황스럽게 하기도 한다. 요즘 이런 동물의 비정상적인 행동 때문에 동물 전문가를 찾는 사람들이 적지 않다.

사물로서의 동물

이제 동물의 인격화와는 반대편에 있는 '사물화된 동물'이라는 개념을 이야기해 보자.

사물화된 동물이라는 개념은 매우 오랫동안 사물화된 인간이라는 개념과 같은 맥락에서 이해되었다. 역설적이긴 하지만, 이러한 부정적인 의미에서 인간과 동물은 매우 가까운 관계를 유지해 왔다. 서양의 기독교 문명을 포함한 대부분의 문명에 존재했던 노예 제도는 인간을 도구와 같은 사물로 취급하는 행위이다. 고대 로마의 원형 경기장에서 자주 벌어졌던 검투 시합에서 검투사의 죽음은 맹수의 죽음과 똑같이 관람객들을 흥분시켰다.

동물을 사물처럼 실용적으로 사용하는 것은 17세기 프랑스 철학자 데카르트*의 사상에서 그 철학적인 정당성을 찾아볼

● ● ●

데카르트(René Descartes, 1596~1650) 근대 철학의 아버지로 널리 알려진 프랑스의 철학자 · 수학자 · 과학자. 모든 형태의 지식을 방법적으로 의심하고 나서 의심을 하는 자신의 존재만은 의심할 수 없음을 깨닫는다. 그리하여 "나는 생각한다, 고로 나는 존재한다 (cogito, ergo sum)"라는 명제를 확립한다. 사유를 본질로 하는 정신과 연장(延長)을 본질로 하는 물질을 구분함으로써 이원론적 체계를 펼쳤다.

수 있다. 데카르트에 의하면, 인간의 몸뿐만 아니라 동물의 몸 역시 기계이다. 하지만 영혼을 갖고 있는 인간만이 신의 모습을 하고 이 세상의 절대적인 지배자가 되었다. 동물은 인간에게 봉사하도록 신이 만들어 준 단순한 기계에 지나지 않는다. 데카르트의 후계자들은 이러한 생각을 끝까지 밀고 나갔다.

정신과 육체를 구분하는 데카르트의 이원론적 철학은 인간이 동물을 대하는 태도에 두 가지 결과를 초래했다.

우선 유기체를 기계와 비견할 수 있는 물질적인 체계로 정의함으로써 실험적인 분석을 가능하게 하였다. 클로드 베르나르°가 주도한 실험 생물학은 철학적으로 데카르트의 영향을 받았다. 이런 면에서 볼 때, 데카르트의 태도는 **'인식론°**의 승리'를 빚어냈다고 할 수 있다.

하지만 다른 한편으로 볼 때 동물을 영혼이 없는 사물로 취급함으로써 데카르트의 사상은 서양 세계에서 지금도 여전히

● ● ●

클로드 베르나르(Claude Bernard 1813~1878) 프랑스의 생리학자. 주로 소화에서 췌장의 역할, 간의 글리코겐 합성 등에 관한 발견으로 유명하다. 생명 과학 분야에서 넓은 범위에 걸쳐 실험의 원리를 확립하고 초기 생리학에서 큰 진보를 이룸으로써 실험 의학의 창립자 중 한 사람이 되었다.

인식론 '인간은 어떻게 알 수 있는가?' '안다는 것은 무엇인가?' 등 인식 · 지식의 구조, 방법, 범위 등을 탐구하는 학문으로 철학의 한 분야이다.

벗어나려고 애쓰고 있는 '완전한 도덕적인 실패'를 빚어냈다.

가령, 도축용 동물들은 그야말로 비참한 환경에서 잔인한 방법으로 사육되고 있다. 이에 대한 문제를 제기하면 '그냥 동물일 뿐인데 뭐' 하며 쉽게 정당화한다. 인간은 자연과 동물의 절대적인 소유자이자 주인이며, 동물은 사물과 같은 존재에 불과하다고 여기는 생각이 바로 이런 철학의 결과이다.

하나의 동물 종으로서 인간이 동물과 그들이 살고 있는 환경에 어떤 영향을 끼쳤는가에 눈을 돌려보면 이러한 생각이 얼마나 잘못인가를 알 수 있다. 생태주의적 측면에서 보자면, 자연이 황폐화되고 지구상에서 많은 생물종들이 멸종의 위기에 처하게 된 것은 인간에게 자신이 살고 있는 환경에 대해 절대적인 권력을 가져도 좋다고 생각하게 하는 이런 가치관 때문일지도 모른다.

동물, 감성이 있는 존재이며 인간의 동반자

의인화와 사물화라는, 동물에 관한 극단적인 두 가지 생각은 사실 일상 생활에서 혼재되이 있다.

사람들은 대부분 주변에 있는 동물들을 함께 소통할 수 있는 감성이 있는 존재처럼 대한다. 전통적인 농가에서는 가축, 특히 개나 고양이 같은 동물들에게 동반자 지위를 부여하였다. 그래서 개와 고양이가 죽으면 무덤을 만들어 주기도 한다. 여기서 알 수 있듯이 동반자로서 동물과 인간의 관계는 매우 밀접한 것이다. 축산 전문가 조슬린 포르셰˙가 강조하였듯이, 동물을 기르는 궁극적인 목적이 결국 도살이라고 하더라도 전통적인 목축업자와 가축의 관계는 매우 우호적이다.(물론 동물들이 종종 비참한 삶을 살아가는 현대의 집약적인 목축에 대하여 이야기하는 것은 아니다.)

　인간의 동반자라는 동물의 지위는 우리 시대에 나타나는 특이한 현상은 아니라 과거에도 빈번하게 거론된 문제이다. 동물을 하나의 기계처럼 생각하던 데카르트 시대에도 마담 드 세비녜˙ 같은 작가들은 동물을 물건과 동일시하는 데 분개했다.

　세상에 널리 알려진 이야기는 아니지만, 기독교의 여러 사

● ● ●

조슬린 포르셰(Jocelyne Porcher)　농업 기술자의 경험을 거쳐 동물학 박사가 된 그녀는 프랑스 국립 농경학 연구소(INRA)의 연구원으로 활발히 활동하고 있다.
마담 드 세비녜(Madame de Sévigné, 1626~1696)　프랑스 루이 14세 때의 여류 문인. 사교계의 중심이었던 살롱 모임에서 활동하고 친구들과 수많은 편지를 주고받으면서 자신만의 작품 세계를 구축하여 '서간 문학의 여왕'이라고 불린다.

상가들은 동물과 인간 사이에 생기는 친근감에 대한 욕구를 지지하였다. 그중 가장 유명한 사람은 아시시의 성자 프란시스코이다. 그에 따르면, '우정'은 가축에게만 국한되지 않고 야생 동물과도 맺을 수 있으며, 더 나아가 인간에게는 주변 환경에 대한 유기적이고 정신적인 연대성이 생길 수도 있다. 세상 만물에 대해 연민을 갖는 태도는 자연을 보호하고자 하는 정신의 선구로서 강조할 만하다.

또한 '고통을 받는 존재'에 대한 연민은 불교 철학뿐만 아니라 독일의 철학자 쇼펜하우어, 의사이자 신학자였던 슈바이처 박사 등과 같은 사상가들에게서 찾아볼 수 있다. 현대 사상도 기본적으로 동물을 인간과 동일시하지는 않지만 감성이 있는 존재로 본다.

3

동물을 어떻게
보호해야 할까?

동물을 어떻게 바라봐야 할까?

오늘날 우리는 윤리적으로 동물과 어떤 관계를 맺어야 할까? 이는 인류 역사 전반에 걸쳐 제기되어 온 질문이며, 매우 다양한 답이 제시되어 왔다. 이제 우리는 지금까지 살펴보았던 내용을 바탕으로 그 관계를 쉽게 이해할 수 있게 되었다. 동물을 인간과 같거나 비슷한 존재로 보느냐, 아니면 사물로서만 여기느냐 또는 동반자로서 생각하느냐에 따라 동물에 대한 우리의 도덕적인 대우는 아주 달라질 것이다.

현재 우리 사회는 어떠한가? 역사적으로 상반된 관념이 존재해 왔고 그 관념은 지금도 여전히 매우 대비되는 행동으로 나타난다. 동물이 인간과 유사하다는 신념, 동물에 대한 매우 잔인한 취급, 동반자인 동물에 대한 매우 강한 집착, 취미 삼아

하는 사냥이나 투우 등등. 현대 사회의 복잡한 법률과 규칙의 체계는 점차 인간이 동물을 취급하는 방법을 어느 정도 통제하고 '교화하고' 있다.

동물 보호법은 종이나 군의 차원에서 동물을 보호하는 것을 목적으로 하는 **생태적인** 유형의 법에서 개체로서 동물을 보호하며 특히 지나친 학대로부터 동물을 보호하는 것을 목적으로 하는 **동물 애호적인** 유형의 법으로 바뀌고 있다. 이와 같은 법에는 여러 가지 예외 규정이 있다. 예를 들면 투우가 전통적으로 전해 내려온 지역을 제외하고 오락으로 소를 학대하는 것은 금지된다. 하지만 이런 보호법은 일반적으로 척추 동물에게만 해당하며, 문어*처럼 놀라운 지능과 대단한 감수성을 갖고 있는 무척추 동물들은 제외된다.

동물 보호법을 주창하는 이유를 대라고 하면 사람들은 앞에서 살펴본 통각 능력이라는 개념을 근거로 삼기도 한다. 물론 그렇다 하더라도 어떤 군의 동물부터 이 용어를 적용하는 것이 타당할지 판단하기는 쉽지 않다. 상당히 발달한 신경 계통을

● ● ●

문어 문어는 미로를 통과하고 병을 열 수 있으며 장난까지 칠 정도로 영리하다는 사실이 밝혀졌다.

동물 보호법의 대상에서 감수성이 예민하더라도 무척추 동물은 제외되기 십상이다.

가진 고등 동물에 대해서만 이 개념을 사용하고자 하는 사람들은 이 과학적인 개념을 '고통' 또는 '괴로움' 이라는 표현으로 대체하면서 심지어 이 말들과 통각 능력을 동의어처럼 부당하게 사용하곤 한다.

과학자들은 고통을 '실제의 또는 잠재적인 조직 손상으로 인해 감각 기관이 느낄 수 있는 불쾌한 경험' 으로 정의한다. 단지 감각 기관의 경험만을 기준으로 삼는 통각 능력에 비해, 고통은 동물이 느낌을 받아들이는 능력을 전제로 한다. 이에 따르면 문어는 고통을 느끼지 못한다. '괴로움' 은 고통의 체험, 즉 어떤 형태의 의식과 연결될 수 있다. 하지만 우리는 동물의 의식이 정확하게 어떻게 발현되는지 모른다. 분명한 것은 데카르트의 생각과는 달리 개나 고양이 같은 동물도 의식이라고 부를 수 있는 것을 갖고 있다는 것이다.

조엘 프루스트[*] 같은 철학자들은 진화한 대부분의 동물들이 가지고 있는 능력으로 세계를 있는 그대로 기술하려는 의식인 **포착 의식**과 매우 드문 경우이지만 자극이 가해졌을 때 유기체

● ● ●

조엘 프루스트(Joëlle Proust, 1947~) 프랑스 현대 철학자이자 심리학자로서 의도성이나, 동물 인지력 등과 같은 심리 철학을 연구하고 있다.

가 느끼는 주관적인 인상인 **현상 의식**을 들고 있다. 어쨌든 동물들을 존중하는 데 정당성을 부여하기 위해 내세우는 대부분의 윤리적인 고찰은 명백하게 또는 은연중에 동물이 감성적인 존재라는 사실에 근거를 두고 있다. 따라서 개념의 모호성을 극복하는 것은 매우 중요하다.

무엇이 동물의 권리일까?

현대에 와서 동물에 대한 윤리 전반에 관한 질문에는 여러 가지 답이 나올 수 있다.

인간 중심적이었던 데카르트 이후의 경향에 따르면 동물은 그저 짐승일 뿐이기(사물에 지나지 않기) 때문에 동물이 느끼는 고통을 염두에 둘 필요가 없었다. 다만 자연 환경의 보호라는 측면에서 종들의 보호라는 지상 명령이 필요할 수도 있다. 하지만 그것도 인간이 이익을 볼 수 있을 때뿐이다. 그리고 인간에게 사용될 목적으로만 존재하는 동물의 경우 보호할 필요가 전혀 없다.

두 번째 태도는 이보다는 덜 인간 중심적인데, 인간은 동물을 보호해야 할 의무가 있지만(인간은 우수하고 자기 주변에 아

량을 베풀 수 있는 월등한 존재라는 의식이 깔려 있다.) 동물들은 어떠한 권리도 누릴 자격이 없다는 입장이다. 여기서는 인간이 아닌 수많은 존재들이 권리를 가질 수 있다는 사실이 무시되는 단점이 있다.

그래서 생긴 재미있는 말이 '피레우스'이다. 이 말은 라 퐁텐의 우화 「원숭이와 돌고래」에서 유래한 말로 원숭이가 그리스의 항구 도시 피레우스를 마치 친구들 중 하나인 것처럼 말한 데서 유래했다. 즉 이때의 '피레우스'처럼 동물은 도덕적인 인격, 즉 권리를 갖고 있긴 하지만 인간은 아닌 추상적인 존재를 일컫는다.

한편, 인간조차 항상 권리와 의무를 함께 가질 수 있는 것은 아니다. 어린아이, 혼수 상태의 환자, 극도로 나약한 사람들은 권리는 갖고 있지만, 그에 상응하는 의무를 행사할 능력이 없다. 게다가 그들은 자신들의 권리를 대변해 줄 수 있는 건강한 사람을 대리인으로 내세워야만 한다.

이런 개념에 근거하여 세 번째 입장에 선 사람들은 동물들과 자연에까지 권리 개념을 확대 적용하자고 제안한다. 권리라는 개념은 인간이 윤리를 주창한 이래 논증의 발달에 따라, 결국 인간의 언어에 근거해서 만들어 낸 것이다. 그런 맥락에서 이 이론은 법정 대리인의 개념 역시 생물학적인 의미를 넘어 실체적 존재로 확대하라고 제안한다.

존중받아야 할 대상이 일정한 지능을 갖고 있는 일부 동물들에게만 한정되다가, 앞에서 말한 것처럼 모호하기는 하지만 '고통'을 느낄 수 있는 동물(**감정 중심주의**), 또는 분류법상의 동물(**동물 중심주의**)에까지 확장되었으며, 더 나아가 모든 생물과 그들의 생활 환경(**생물 중심주의** 또는 **환경 중심주의**)에까지 확대됨에 따라서 이 이론은 여러 가지 변화된 형태로 나타나고 있다.

오늘날 '동물의 권리'라는 개념은 매우 익숙해졌다. 동물을 도덕적으로 인간과 동등한 존재로 만들려고 하는 몇몇 철학적인 시도와는 별도로, 1978년 세계 동물 보호 협회에서 공표하고 1989년 보완 수정 하여 최종 확정한 '세계 동물 권리 선언문'은 동물의 권리 증진에 많은 공헌을 하였다. 이 선언문은 동물을 위하여 행동할 때 인권의 절대적인 필요성과 특수성을 문제 삼지 않으며, 환경 보호의 한계를 두지 않으면서 윤리적인 큰 원칙의 적용을 요구한다. 그리고 이 선언문은 독특하게 인간과 동물의 관계에서 야기되는 윤리적인 문제들을 구체적으로 네 가지 영역으로 나누어 명시하고 있다.

① (특히 동반자적인 동물로서) 가축

② 육식

③ (인간이 단순히 오락 삼아 동물에게 고통을 주는 투우나 사냥과 같은) 잔인한 게임

④ (인간의 건강과 연관이 있는) 생물학적인 또는 의학적인 동물 실험

이 선언문은 인간이 동물을 존중해야 할 필요성을 철학적으로 가장 잘 표명하고 있다. 동물을 인간이나 사물로 간주할 뿐만 아니라 동시에 감성이 있는 존재로도 여기고 있기 때문에 이 선언문은 입법부에서 동물에게 부여할 지위에 관한 법률을 제정하고자 할 때 그 근거가 될 수도 있다. 게다가 이 선언문은 개별 종의 동물들이 그들의 능력과 필요에 합당한 권리를 누릴 수 있도록 하고, 서로 다른 동물 집단 간의 행동이나 통각 능력의 차이 등을 하나로 보려고 하고 있다.

이와 같은 생각에 의하면 동물의 권리 보호는 인권 수호에 방해가 되지 않는다. 인간의 생명에 관한 권리(생명권, 건강권)가 문제가 되는 특별한 경우, 우리는 인권과 동물의 권리 사이에서 갈등하게 된다. 모든 종이 자기 권리를 우선적으로 지키려고 하는 생물학적 원칙에 따라 인간 또한 동물의 권리에 내하여 인권이 우위에 서길 원한다.

그렇지만 대다수의 경우 도덕이 합의점을 찾았듯이, 인권과 동물의 권리는 서로 견줄 수 있다. 아마 점차 동물의 권리를 더 많이 존중하는 것이 인권을 더욱 존중하도록 이끌어 갈 것이다.

더 읽어 볼 책들

- 윤소영, 『종의 기원 : 자연선택의 신비를 밝히다』(사계절, 2004).

- 최재천, 『생명이 있는 것은 다 아름답다』(효형출판, 2001).

- 황우석 · 최재천 · 김병종, 『나의 생명 이야기』(효형출판, 2004).

- 로버트 라이트, 박영준 옮김, 『도덕적 동물』(사이언스북스, 2003).

- 리 듀거킨, 이한음 옮김, 『동물에게도 문화가 있다』(지호, 2003).

- 리처드 도킨스, 이한음 옮김, 『조상 이야기 : 생명의 기원을 찾아서』(까치글방, 2005).

- 프란스 드 발, 황상익 · 장대익 옮김, 『침팬지 폴리틱스 : 권력 투쟁의 동물적 기원』(바다, 2004).

- 프란스 드 발, 박성규 옮김, 『원숭이와 초밥요리사 : 동물행동학자가 다시 쓰는, 문화란 무엇인가?』(수희재, 2005).

논술·구술 시험은 논리적이고 종합적인 사고를 요구한다. 다음에 제시된 문제는 이 책의 주제와 연관이 있는 논술·구술 기출 문제이다. 이 책을 통하여 습득한 과학적 지식과 원리, 입체적이고 논리적인 접근 방식을 활용하여 스스로 문제에 답해 보자.

▶ 사람이 가지고 있는 유전자의 수는 3만 개를 조금 넘는 것으로 보인다. 만일 유전자의 수가 크게 다르지 않다면 어떻게 사람과 다른 동물이 차이가 날 수 있는지 말해 보시오.

▶ 멸종 위기에 처한 생물들을 보호해야 하는 이유를 말해 보시오.

옮긴이 | 김희경

성심여대(현 가톨릭대학교) 불문학과를 졸업했으며, 프랑스 피카르디 대학에서 박사 과정을 수료했다. 현재 전문 번역가로 활동 중이다.

민음 바칼로레아 05

동물이란 무엇인가?

2판 1쇄 펴냄 2021년 3월 30일
2판 5쇄 펴냄 2024년 8월 8일

1판 1쇄 펴냄 2006년 1월 5일

지은이 | 조르주 샤푸티에
감수자 | 최재천
옮긴이 | 김희경
발행인 | 박근섭
펴낸곳 | ㈜민음인

출판등록 | 2009. 10. 8 (제2009-000273호)
주소 | 06027 서울 강남구 도산대로 1길 62 강남출판문화센터 5층
전화 | 영업부 515-2000 **편집부** 3446-8774 **팩시밀리** 515-2007
홈페이지 | minumin.minumsa.com

도서 파본 등의 이유로 반송이 필요할 경우에는 구매처에서 교환하시고
출판사 교환이 필요할 경우에는 아래 주소로 반송 사유를 적어 도서와 함께 보내주세요.
06027 서울 강남구 도산대로 1길 62 강남출판문화센터 6층 민음인 마케팅부

한국어판 ⓒ (주)민음인, 2006. Printed in Seoul, Korea
ISBN 979 11-5888-767-4 04000
ISBN 979 11-5888-823-7 04000(set)

㈜민음인은 민음사 출판 그룹의 자회사입니다.